HOMMAGE

A S. M. NAPOLÉON III

D'UN MOYEN D'OBTENIR

LE PAIN ET LE LOYER

A BON MARCHÉ

PAR E. COLLIOT

PRIX : 50 CENTIMES.

PARIS

JULES LAISNÉ, LIBRAIRE-ÉDITEUR

PASSAGE VÉRO-DODAT, 1

DÉCEMBRE 1856

1857

HOMMAGE

A S. M. NAPOLÉON III

D'UN MOYEN D'OBTENIR

LE PAIN ET LE LOYER

A BON MARCHÉ

PAR E. COLLIOT

Sire,

Dans ces derniers temps, notre société française a été agitée par l'apparition subite d'utopies qui l'eussent infailliblement conduite dans des voies fatales, si le bras protecteur de la Providence n'eût suspendu sa marche irréfléchie. Une préoccupation plus rationnelle nous convie aujourd'hui à la conquête de quelques bienfaits dont il est honorable de poursuivre la réalisation; mais ceux auxquels je fais particulièrement allusion en cette circonstance, ne sauraient être le privilége du pouvoir d'un économiste isolé, il faut les soumettre d'abord timidement au chef de l'Etat, et les attendre ensuite de sa haute sagesse, parce que lui seul est le juge souverain de leur opportunité. Pour mon compte, je m'estimerais heureux si ma voix, si ma respectueuse initiative ont pu être de quelque utilité pour mes concitoyens; je me regarderais comme suffisamment récompensé, si Votre Majesté daigne justifier, par sa bienveillance, le sentiment qui me pousse à hasarder l'expression d'une pensée en faveur de la prospérité matérielle de mon pays.

La question que je m'adresse porte avec elle l'intérêt qui s'attache à sa solution, parce qu'elle n'a pas de but personnel, parce qu'elle est soulevée en vue de tous et qu'elle prépare le moyen de faire trève aux tiraillements dont la cherté des subsistances alimentaires et l'élévation du prix des loyers sont la source. Ici donc se justifie le titre de cette brochure, élan toujours pardonnable dans les temps difficiles.

J'entre en matière :

La loi du 9 prairial an v a maintenu le principe d'une entière liberté pour la circulation et le commerce des grains dans l'intérieur du territoire ; maintenant, je demande si ce principe ne recevra aucune modification, ou mieux : si cette loi restera avec toute la force qui lui appartient, ou bien s'il sera jugé utile de la regarder comme non-avenue, et d'introduire dans notre société des règlements établis sur des bases différentes ? Ce n'est ici qu'une manière de parler, car je ne me reconnais pas le droit de demander la réponse à ces deux questions ; je préfère accepter le fait accompli de la loi, en laissant aux organes du pouvoir le droit qui leur appartient de prendre tel parti qui leur conviendra.

Cela posé, je déclare qu'une soumission sans commentaire est due à la loi primordiale ; évidemment je me place dans la condition de cet homme qui professe le plus grand respect pour les institutions qui le régissent, mais en même temps je demande qu'il me soit permis d'assurer à la consommation des grains une faveur qui ne contrarie en rien la liberté du commerce ; or, voici comment je raisonne :

Voyons, n'est-il pas vrai que les administrations communales sont toujours à même d'être fixées sur la quantité de la production de grain récolté dans leur périmètre? N'est-il pas vrai que les préfets le sont à leur tour d'une manière qui ne laisse point de place à l'équivoque? J'ajoute encore : n'est-il pas vrai aussi que, par le recensement des populations, on connaît le chiffre exact des consommateurs? N'est-il pas vrai qu'en raison du nombre de bouches, il est facile d'apprécier approximativement les quantités de grain qui seront absorbées par elles? Tout le monde sait qu'il existe à cet égard une moyenne qui ne varie que dans des proportions incapables de vicier les comptes généraux établis à ce sujet année par année, et si l'on veut, mois par mois. Voilà donc que nous connaissons notre fortune nationale en grains, dans quelle proportion elle suffit aux besoins, leur est inférieure ou les dépasse. Eh bien! permettons à chacun de prendre pour point de mire d'un lucre proposé le commerce de cette même richesse ; nous disons que l'acheteur, le négociant, est d'autant plus enclin à se livrer à ce genre d'industrie, qu'il est assuré de l'écoulement de sa marchandise, et que, loin de courir des risques, c'est lui-même qui crée le risque de la consommation domestique car il arrive à posséder exclusivement ce dont je ne peux me passer, me rend son tributaire, et ses magasins, plus éloquents que tous les raisonnements de la faim, me disent : On ne pénètre ici qu'à telle condition! mangez à tel prix ou bien ne mangez pas! j'ai pour moi la loi du 9 prairial an v. Et cet homme a raison, il agit en vertu d'un droit, et j'avoue qu'on aurait mauvaise grâce à lui reprocher l'usage d'une liberté qui, loin d'être son privilége exclusif, est celui de tous les citoyens en général.

Examinons s'il n'existerait pas quelques précautions possibles à prendre, afin qu'une liberté commerciale de cette nature devînt moins dangereuse pour ceux qui subissent la légalité du trafic? Oui, et je crois qu'il suffirait à cet effet d'établir avec le secours des données qu'on possède, le tarif mensuel des grains en nature dans chaque circonscription, de telle sorte que, dans chaque localité, il fût interdit de vendre le grain au-dessus du prix fixé par les autorités auxquelles incombe un pareil soin. Inutile de dire que le possesseur du grain reste libre d'écouler sa marchandise à un prix inférieur à celui de la taxe. Dans cette hypothèse, le grain ne pourrait être vendu qu'au poids, afin de débarrasser les administrations et le commerce des entraves que ne manqueraient pas de lui susciter les diverses qualités des produits.

Dès lors, cesserait cette éternelle récrimination à l'endroit du négociant en grains, récrimination qui prend sa source dans le reproche qu'on lui adresse de faire la hausse et la baisse de la première et la plus indispensable de toutes les denrées alimentaires. Ainsi, la consolante légalité de la fixation des tarifs prendrait la place des spéculations arbitraires ; et admettant que ce principe fût accepté, il n'y aurait plus de place dans le cœur du peuple pour nourrir ces rancunes, ces animosités qu'un état de gène exceptionnel lui fait regarder comme devant lui être pardonnées.

Quoi donc y aurait-il d'étrange à tarifer le commerce du gros, lorsque le gouvernement lui-même, dans un but éminemment louable et souverainement équitable, a tarifé celui du détail? Ce précédent dont nous invoquons l'ample mesure est son œuvre, et tous ses efforts ont tendu jusqu'ici à harmonier le prix de la denrée alimentaire fabriquée, avec celui de la matière première; c'est là le point qui nous frappe et il est en effet le plus essentiel, car enfin: sur quelle base est établie la taxe du pain? Sur la hausse ou la baisse du prix du grain; et cette hausse et cette baisse, à leur tour: à quelles causes sont-elles dues? C'est ce qu'il est important d'examiner, et à peine semblons-nous ici en rechercher les motifs, que déjà la conscience publique vient nous donner le mot de l'énigme: elle nous montre la spéculation sans cesse possédée du besoin d'acquérir, grossissant par conséquent son trésor de grains et ne le livrant aux consommateurs qu'à des bénéfices calculés : élevés si les produits sont rares, restreints si elle-même est obligée d'acheter pour alimenter ses magasins. Nous croyons donc sincèrement que le but du bienfait national, dont la taxe du pain est le mobile, serait plus logiquement et plus heureusement atteint, si le prix de la matière fabriquée était basé sur celui tarifé de la matière première.

A ceux, et il peut s'en trouver, qui nous objecteraient que tarifer les grains dans les mains du producteur serait d'un côté enchaîner sa liberté d'action commerciale, et, de l'autre, l'exposer à subir les éventualités de la volonté gouvernementale, en même temps qu'on s'exposerait à énerver son courage et à paralyser son labeur, nous répondrions victorieusement : Non, le producteur ne cesserait pas d'être libre de disposer à son gré du produit qui découle de ses bras, car il lui serait loisible de le vendre, quand et à qui il le voudrait, à la seule condition de se soumettre à la règle généralement suivie en France et relativement déterminée pour la circonscription où il lui plairait d'en aller faire la livraison. Non, il n'aurait point à craindre de l'action du pouvoir une dépréciation du produit qui serait le fruit légitime de l'usage qu'il aurait fait de son temps et de sa force, autrement cela reviendrait à dire, ce qui serait une monstrueuse erreur : que l'Etat qui protége les particuliers et proclame la majestueuse initiative du patronage qu'il est glorieux d'exercer notamment sur le cultivateur, s'évertuerait à ruiner cet ouvrier des champs que par tous les moyens qui sont en son pouvoir il encourage et montre à ses concitoyens comme le type de la noblesse et de la simplicité la moins illusoire ; pour lequel il vient de créer des prix destinés à l'élever à ses propres yeux et à ceux de la nation. Non, le tarif de l'Etat n'atténuerait point la fortune qui provient au laboureur de la culture des grains ; celui-ci ne serait soumis à cette taxe que de la même manière qu'il se soumet aux prix qui lui sont faits par des voies étrangères ; et il ne saurait y avoir péril pour ses intérêts, puisque les prix de vente seraient arrêtés en dehors de toute espèce d'agiotage et fixés d'après le principe d'un intelligent équilibre entre la production et la consommation. Non, son courage ne se ralentirait pas; non, le bénéfice de son labeur ne péricliterait pas, parce qu'il aurait la conscience du grand acte qu'il serait chaque jour appelé à consommer; parce qu'entre le consommateur et lui, les liens sociaux se resserreraient de plus en plus; parce qu'en un mot, s'il ne lui suffisait pas du désir d'être utile, le gouvernement qui le met au nombre de ses premiers fils, saurait lui faire une part honorable dans ses largesses.

Le résultat que nous poursuivons au sujet du prix équitable des grains donnerait lieu à une opération bien simple si l'on effaçait, d'un trait de plume, la loi du 9 prairial an v.

L'Etat se ferait seul acheteur des grains à vendre sur le sol français suivant un prix mensuel apprécié d'avance, fixé d'après des bases équitables et connu de tous, au moyen d'une publicité légale. Possesseur exclusif des céréales au sortir des mains du producteur, l'Etat les livrerait ensuite au consommateur lequel se trouverait les avoir reçues immédiatement du producteur, par cela seul que si elles sont arrivées dans ses propres mains par un intermédiaire, cet intermédiaire n'existe que nominalement et doit être, à juste titre, regardé comme une étape à laquelle s'arrêtent seulement les grains dans le trajet qu'ils doivent faire pour arriver à leur normale destination. Si désintéressée que serait alors la gestion du gouvernement, elle lui imposerait des frais dont il devrait être exonéré, et il s'en couvrirait en augmentant le prix d'achat dans une limite si restreinte que le consommateur ne pourrait considérer ce supplément comme une nouvelle charge.

Je n'ajouterai rien à ce que je viens de dire concernant l'hypothèse où la loi de prairial serait rapportée; elle existe, je la respecte, je n'étendrai point mes réflexions au-delà de ce cadre. Pourquoi me préoccuperais-je de projets sur l'exécution desquels je n'ai aucun motif de compter, et qui peut-être seront jugés irréalisables à un point de vue que j'ignore et que je ne saurais prévoir?

Je ne terminerai pas cet aperçu sans émettre une dernière idée : à savoir que les marchands français ou étrangers qui auraient importé des grains, ne les vendraient en réalité qu'au prix des tarifs fixés dans les localités où se ferait la livraison, mais recevraient une prime assez importante pour qu'ils fussent engagés par là à verser leurs produits sur nos marchés, et à féconder cette abondance qui est l'objet constant de la sollicitude des gouvernements prudents et paternels.

Qui sait si mes prévisions me trompent? mais je crois avoir, dans la question du *pain à bon marché*, rencontré un des moyens les plus efficaces de faire que le prix du pain soit désormais la conséquence naturelle et sérieuse de celui du grain, eu égard aux quantités et aux qualités que chaque rayon comporte. Je me trouve heureux en même temps de prévoir que ce logique résultat pourrait être obtenu sans secousse, sans porter atteinte à la liberté consacrée par une loi préexistante et respectée comme telle.

Il n'est pas possible qu'on me fasse une objection quelque peu sérieuse sur la valeur de ce titre : le *pain à bon marché,* car il le sera incontestablement dès qu'on le livrera au consommateur à son prix réel; et les moyens que j'ai indiqués suffisent pour que, dans chaque localité, l'autorité compétente soit appelée à déterminer équitablement la taxe du pain d'après la valeur exacte du grain.

Voici un premier bienfait, passons à un autre : voyons donc par quel chemin j'arriverai à donner aussi le *loyer à bon marché ;* il ne me faudra pas faire beaucoup d'efforts, si peu goûtés que soient mes raisonnements dont je vais essayer de rendre, du reste, la vérité aussi palpable qu'il est permis de la désirer.

On sait ce que c'est qu'un capitaliste, qu'un banquier, quels rôles ils jouent dans la société relativement au plus ou moins de fortune qu'ils possèdent et qu'ils font valoir, donc la qualité du propriétaire peut être aussi définie. Qu'est-ce qu'un propriétaire ? C'est un particulier possesseur d'un capital mobilier qu'il a converti en un capital foncier sous le nom de maison, terre, prés, etc. Avant que ce capital mobilier ait été travesti de la manière précédente, son revenu se trouvait réglementé par la loi du 3 septembre 1807, déterminant l'intérêt de l'argent, et voilà, qu'une fois passé à l'état foncier, la même loi ne lui est plus applicable, et qu'une entière liberté lui est acquise au point de vue des exigences qu'il lui convient d'imposer ; son bon plaisir seul est la règle de l'intérêt.

A partir du moment où l'on est devenu propriétaire foncier, on a la faculté de donner à sa chose une valeur arbitraire et de réclamer l'intérêt de cette chose, dans la proportion du prix qu'on y attache soi-même réellement ou qu'on feint d'y attacher ; cette faculté est tellement large, qu'aucune autorité n'ayant le droit d'intervenir, il est évident que le locataire est nécessité d'accepter les conditions qui lui sont faites, quelque onéreuses qu'elles soient pour lui. Ce cas ne se présente que rarement du locataire de prés, terres, vignes, etc., au propriétaire de ces mêmes biens, car c'est un fait connu de tous : que le capital mobilier converti en propriétés rurales ne produit jamais qu'un intérêt inférieur à celui que la loi lui permettait d'atteindre légalement avant qu'il eût été transformé ; le cas au contraire est non-seulement fréquent, mais encore d'un usage permanent du locataire de maisons à son propriétaire, ce dernier élevant le taux de sa location à un chiffre qui correspond à un intérêt infiniment plus élevé que celui auquel était soumise sa fortune avant qu'il lui eût fait subir cette modification.

Les deux propriétaires dont je viens de parler, le sont à un égal titre et dans les mêmes conditions de service national : le capital du premier alimente la société, le capital du dernier la loge, soit à titre d'abri domestique, soit à titre de lieu de spéculation commerciale ; et cependant ces deux capitaux sont loin de jouir de la même faveur. Et remarquons, en passant, que le propriétaire de maisons possède ce dont nous ne pouvons en aucune manière nous passer, non pas seulement au point de vue ordinaire de nos besoins, mais en vertu d'une considération d'un ordre fort important : à savoir qu'il n'est prudent à qui que ce soit d'affirmer qu'il est sans logement, qu'une confidence de cette nature compromettrait à l'instant, même sa liberté, jugé, comme il le serait, en état de vagabondage ; mais qu'il déclare manquer des choses les plus nécessaires à la vie, de pain en un mot, ce fait n'entraînera aucune pénalité.

Un coup d'œil rapide jeté autour de nous nous laisse apercevoir que, dans l'état, le capital argent jouit d'un privilége d'intérêt qui ne peut dépasser cinq ou six pour cent, selon que le prêt est fait en dehors ou dans les limites du commerce. S'agit-il du capital temps, je me reporte aux articles 414 et suivants du Code pénal, et j'y trouve que la loi a prévu, chez le patron et chez l'ouvrier, les cas d'exigences abusives en ce qui touche le salaire que l'un ou l'autre ne peut abaisser ou élever à son gré.

En parcourant l'échelle sociale, je ne saurais passer d'un degré à un autre, sans rencontrer une application de la loi des tarifs que je peux invoquer en cas de nécessité. Crois-je mes intérêts froissés à l'aspect du chiffre auquel l'homme de loi a estimé ses services, je réclame la taxe; crois-je trop élevé le prix des travaux qui me sont fournis et que j'ai commandés, j'ai le droit d'opposer, à une cupidité présumée, une appréciation qui deviendra légale en appelant la justice à statuer sur nos prétentions réciproques. Enfin, il n'est pas un seul service que je doive payer à la rémunération duquel la loi n'ait pas étendu sa prévoyance; le capitaliste foncier seul est l'arbitre exclusif et sans appel de l'intérêt qu'il lui convient d'imposer, aucune loi ne l'atteint à cet égard !

Il est une considération sérieuse qui découle de ce qui vient d'être dit précédemment : à savoir qu'en soumettant la va-

leur réelle de l'argent, du temps, du labeur, de la fabrication
et des services de tous genres à des règles équitables, l'Etat a
eu pour but de rendre relativement possible pour tous les
citoyens, la jouissance des éléments qui concourent au bien-
être social. Ce résultat, il l'a atteint complétement, en bles-
sant à la vérité, dès le point de départ, des susceptibilités
dont les récriminations devaient mourir sans écho, étouffées
qu'elles le furent par le cri plus éloquent de l'intérêt général.
Eh bien, ce sont ces mêmes bienfaits que tend à atténuer l'é-
lévation des loyers, parce que les charges que subit le locataire l'autorisent à augmenter le prix des objets ; d'où il ré-
sulte que la difficulté des achats entraîne tout à la fois la
diminution des jouissances et la dépréciation de la valeur
nominale de l'argent monnayé.

Je veux bien qu'on sache le respect que je professe pour la
propriété, car moi aussi je suis propriétaire ; je ne veux pas
qu'on ignore combien j'attache de prix à ce qu'elle reçoive
une nouvelle consécration de ses droits, et il doit m'être
permis alors de proposer un moyen de les rendre respectables
et respectés, parce qu'ils seront légitimés et que sous peine
d'être coupable, il ne sera permis à personne de les discuter.

Réglementons donc l'intérêt du capital foncier, détermi-
nons-en les bases comme le sont celles du capital mobilier
applicables aux particuliers et au commerce, et dans cette
fixation, tenons au propriétaire compte de l'impôt auquel il
est soumis, des réparations et de l'entretien que nécessite son
immeuble, de toutes les charges qui lui incombent ; en un
mot, renfermons le propriétaire et le locataire dans une réci-
proque légalité, et dès lors chaque intérêt privé aura conquis
la place qui lui convient dans le sentiment de la justice.

On ne saurait éprouver de difficultés à évaluer le capital
foncier, parce que le gouvernement est toujours à même d'en
connaître le chiffre ; aucune objection ne serait acceptable à
cet égard. En effet, la possession de l'immeuble n'existe que
par un des quatre moyens suivants : ou nous l'avons acheté,

ou on nous l'a donné, ou nous en avons hérité, ou nous l'avons créé. Eh bien, dans les trois premiers cas, et dans le dernier même en raison du sol, il y a eu perception des droits du fisc sur la valeur ou sur le revenu déclaré ; donc, le moyen est facile. Pour la propriété foncière créée, et pour l'augmentation ou la diminution de la valeur de l'immeuble possédé à quelque titre que ce soit, l'Etat est en mesure, grâce aux éléments dont il dispose pour la perception des contributions, de déterminer précisément la valeur exacte du fonds imposé par lui ; que si l'évaluation que l'Etat a donnée à l'immeuble ne concorde pas avec la prétention du propriétaire, une réclamation surviendra, amènera une expertise, et par suite, le droit de tous recevra une sanction définitive et désormais incontestée.

Il est à remarquer que, sous l'empire de la législation actuelle, l'acquéreur d'un fonds immobilier dissimule d'ordinaire le prix réel de la vente afin de s'alléger d'une partie des droits d'enregistrement qui pèseraient sur lui ; que l'héritier à son tour cèle une partie du revenu réel de l'immeuble dont il est devenu possesseur, afin de diminuer d'autant les droits de succession dus à l'Etat et dont il est passible. Mais si, au contraire, l'intérêt du fonds immobilier se trouve invariablement fixé, s'il l'est notamment sur la valeur réelle du capital auquel il correspond, voilà qu'alors l'acheteur a les raisons les plus sérieuses de ne rien déguiser sur le prix de son achat et d'agir avec le fisc dans une entière loyauté. Il en sera de même de l'héritier qui tenterait inutilement d'atténuer le revenu de l'immeuble qui vient de passer sous sa main.

Après ces quelques réflexions, il me semble qu'un devoir m'est imposé : celui d'indiquer les moyens par lesquels on arriverait à déterminer, dans toutes les conditions de ce qui est raisonnable et juste, le prix de la jouissance de l'immeuble.

S'agirait-il de propriétés rurales, je crois qu'il serait praticable d'en évaluer l'intérêt annuel, à raison de tant par hectare.

S'agirait-il de propriétés bàties, je crois également qu'il serait possible d'en arrêter aussi l'intérêt annuel ou trimestriel, à raison de tant par mètre carré occupé.

Et à ces deux espèces d'immeubles correspondrait, pour chacun en ce qui lui est relatif, une division par zônes, lesquelles à leur tour seraient subdivisées en classes, principe déjà suivi par l'Etat au sujet des travaux du cadastre.

En admettant que cette règle soit adoptée : voilà que l'intérêt du fonds immobilier se trouve légalement circonscrit, légalement perçu ; voilà que le revenu de l'immeuble, en recevant une consécration nationale, cesse d'être l'expression de l'exigence personnelle de l'un, ou celle des récriminations de l'autre.

N'omettons pas d'ajouter que, même le locataire de l'immeuble offrît-il au propriétaire de lui payer l'intérêt du capital foncier d'après un taux plus élevé que ne l'autoriserait la loi, il serait interdit à tous deux de faire un pareil contrat ; et cette interdiction frapperait indistinctement tous les preneurs, à quelque titre qu'ils se présentassent, les dispositions de la loi s'étant étendues aux conditions du locataire privé et du locataire industriel, afin d'éviter une transgression qu'elle se réserverait dans tous les cas de condamner et de punir, en frappant pénalement et également les deux contractants, par le motif que celui qui se prêterait à la fraude annulerait précisément l'effet d'une mesure qui aurait été embrassée dans un intérêt d'ordre et d'équité au bénéfice de tous les citoyens de la même patrie.

S'il est vrai que, d'après ce qui précède, le propriétaire foncier est traité d'un côté à l'égal de tous les nationaux sur lesquels le gouvernement étend sa protection, de l'autre, il est aussi vrai d'ajouter qu'en vertu des articles 1752 et 2102 du Code Napoléon, celui-là jouit toujours *du Nantissement et du Privilége*, double garantie qui prime les droits du capita-liste mobilier. Tout le monde sait, du reste, que ce dernier peut être soumis à la chance aléatoire de perdre non-seule-ment les intérêts du capital, mais encore le capital lui-même, lorsqu'au contraire le capitaliste foncier n'a point de risques semblables à courir, puisqu'il lui est toujours possible de limiter la perte de tout ou partie de son intérêt dans le cas où son imprévoyance l'aurait compromis : pour le fonds, il n'est jamais atteint, jamais en péril. Cela dit en passant.

J'ai cru convenable, Sire, de ne point m'étendre plus lon-guement sur ces matières, afin d'éviter des considérations étrangères qui se seraient présentées comme naturellement, et ne m'en auraient pas moins mérité le reproche que je de-vais et voulais éviter : celui de dire plus que ce qui aurait été strictement utile au développement des propositions dont j'ai embrassé l'initiative.

La décence, Sire, m'imposait, du reste, le devoir impérieux d'être bref, dans le cas espéré où Votre Majesté trouverait ce passager écrit digne d'être placé sous ses yeux.

Si en cette circonstance, mon bon vouloir a eu le malheur d'égarer ma logique, il me restera du moins cette com-pensation de me convaincre que parfois la conscience est susceptible de vicier le jugement.

Si Votre Majesté, Sire, daigne apprécier le sens de ces lignes, j'ai la conviction qu'elle en excusera l'importunité en faveur du motif qui les a dictées, et qu'elle aura l'extrême bienveil-lance d'accueillir l'expression des sentiments de respect, dans lesquels se plaît à se considérer son très humble et très obéis-sant serviteur

E. COLLIOT.

Paris, 1er décembre 1856.

Paris. — Imprimerie LACOUR, rue Soufflot, 18.